Gerhard Vilmar

Innenwelten
Peer Gynt / Ibsen
Eine szenische Annäherung

Herstellung und Verlag: BoD - Books on Demand, Norderstedt
ISBN: 9783743174665

Oktober 2017

Umschlagbild:
Oswald Tschirtner (1920 – 2007), Maria Gugging

Bibliografische Information der Deutschen Bibliothek:
Die Deutsche Bibliothek verzeichnet diese Publikation in der Deutschen Nationalbibliografie; detaillierte bibliografische Daten sind im Internet unter http:/dnb.ddb.de abrufbar.

Das Werk und seine Teile sind urheberrechtlich geschützt. Jede Nutzung in anderen als den gesetzlich zugelassenen Fällen bedarf der vorherigen schriftlichen Einwilligung des Autors. Weder das Werk noch seine Teile dürfen ohne Einwilligung eingescannt und in ein Netzwerk eingestellt werden. Das gilt auch für Intranets von Schulen und sonstigen Bildungseinrichtungen.

Wo gehn wir denn hin?
Immer nach Hause.

Novalis

Peer Gynt kehrt heim - um in der Heimat zu sterben.
Noch einmal durchlebt er sein Leben in immer neuen
Gedankenkreisen. Vergangenheit und Gegenwart
verschwimmen ineinander.

Der Possenreißer ist erkennbar, der ewige Jüngling,
Verführer und Spieler. Aber auch seine Einsamkeit.
Denn für ihn sind die meisten anderen Personen nur
Zuschauer, Spielfiguren seiner Tagträume.
Mit ihnen kommt es zum „Tanz" - ohne Stillstand.

Erst am Ende wird seine Ernsthaftigkeit, sein rastloses
Suchen nach seinen Selbstkernen deutlich.

1

Peer, du schwindelst – sagt Aase, die Mutter.
Aber sie schmunzelt dabei.
Sie möchte, dass ich schwindle.
Sie möchte, dass ich ihr immer neue Lügengeschichten erzähle.
Ich bin tüchtig im Lügendichten.
Ein Aufschneider und Lügenschmied.

Aber meine Lüge ist auch ihre.
Die Lüge ist im Widerspruch:
Du sollst nicht lügen –
und gleichzeitig: erzähl mir bitte Lügengeschichten!

Was soll ich tun?
Wie kann ich beidem gerecht werden?
Wie kann ich bei ihr sein und auch bei mir?
Wie ist es möglich, sich zu finden und nicht immer wieder zu verlieren?

Die phantastischen Geschichten sind ein Spiel zwischen uns.
Ein Spiel, das sie erheitert.
Aber es ist uns auch ernst.
Sie kennt mich, sie hat mich zu dem gemacht,
der ich bin.
Sie hat mir diese beiden Aufgaben gestellt:
‚Sei ganz mein!'.
Und: ‚Bring mir das Leben!

Ein wenig darfst du rausgehen. Aber nur, um mir zu erzählen, wie wunderbar es dort ist und welche Abenteuer du dort erlebst.
Und erzähl mir auch die Abenteuer, die du nur in deiner Phantasie erlebt hast.

Aber du darfst dort nicht bleiben, deine Aufgabe ist hier.
Ich bin deine Aufgabe.
Die Nabelschnur ist lang, aber sie hält.
Sie hält dich in Kontakt mit mir und sie hält uns beide am Leben.
Wir sind über den Tod hinaus verbunden.
Nichts kann uns trennen!'

Aase schenkte mir das Leben.
Jetzt schenkt meine Phantasie ihr das Leben.
Sie rettet mich.
Ich rette sie.
Das ist unser Blutkreislauf.
Das ist unser Tanz - bei dem keiner mehr weiß, wer den anderen dreht.
So spielen wir Frohsinn.
So tanzen wir miteinander, umeinander.
Als wären wir Kinder.
So bauen wir uns ein Schloss aus Geschichten und wohnen darin.
Die Wirklichkeit bedeutet uns nichts.
Unsere Träume sind alles.

Wir suchen uns selbst – und wir verlieren uns in den abenteuerlichen Geschichten.
So spüren wir die Kargheit und Traurigkeit unseres Lebens nicht.
So spüren wir nicht, was wir vermissen.
So sind wir *im Elend vereint*.

Die *Bettlerswitwe* und ihr *Königssohn,* der sie mit *Possen und Späßen anschmust*.
Der treue Gefährte, der vor sich selbst davon läuft.

2

Wir suchen das Leichte, mit dem wir die Schwere
verscheuchen können.
Denn wir vermissen den Mann.
Wir vermissen den Vater.
Obwohl er ein *Säufer* war, der durch *Prassen unseren
Wohlstand zertrat.*

Wir vermissen den Dritten, das Dritte, das andere.
Er sollte uns die Welt in die Hütte bringen.
Er sollte uns erzählen, wie es dort draußen ist.
So dass wir ihn mit leuchtenden Augen bewundern – und
uns sehnen.

Aber es gibt ihn nicht – nicht hier!
Wir können ihn nicht finden - nicht draußen, nicht in
uns.
Er ist im Irgendwo, das wir nicht kennen.
Dort hält er sich versteckt.

Er hat uns verlassen, und wir kennen ihn nicht.
So sind nur wir füreinander da.
Und sind uns so nah!

Zu nah?

Nach dem Vater darf ich nicht fragen.
Wer war dieser Mann?
Warum ist er gescheitert?

Wo ist er hin?
Wo kann ich ihn in der weiten Welt nur finden?
Wo - in mir - kann ich ihn finden?

Ich habe ihn immer gesucht.
Doch ich möchte nicht suchen.
Ich möchte gefunden werden - vom Vater.
Von einem großen, starken Vater, der mir die Welt der Männer eröffnet.

Ich weiß nicht, wie es da draußen ist, wie die Welt wirklich ist.
Die Mutter kann es mir nicht erklären.
Sie kennt die Welt nicht.
Sie weiß nicht mit der Welt umzugehen.
Sie möchte, dass ich ihr die Welt erkläre.
Aber ich verstehe sie doch selbst nicht.
Vielleicht hätte es der Vater gekonnt.
Aber er ging.

Aase und ich: gemeinsam verschweigen wir ihn.
Und gerade im Verschweigen ist er präsent.
Seine Abwesenheit ist allgegenwärtig.
Aber er wird nicht ausgesprochen.
Er wird vermisst.
Und doch gibt es keine Träne für ihn.

Er wird totgeschwiegen.
Aber als Totgeschwiegener sitzt er mit am Tisch.

Doch vielleicht brauchen wir ihn auch nicht.
Ist es nicht sogar besser ohne ihn?

So leben wir die Zweisamkeit – ganz ungestört!
Wir sind eine Zweieinheit, untrennbar.
Da passt keiner dazwischen.
Wir sind eine Schicksalsgemeinschaft.
Wir retten uns in phantastische Welten.
Über die rauen Wellen des Alltags gleiten wir mit
Leichtigkeit dahin.
Feen und Trolle leisten uns Gesellschaft.

Der Vater ging als ich noch klein war.
Er war mir kein Vater.
Ich habe kein Bild von ihm in mir.
Welche Züge habe ich von ihm?
Welches Wesen hat er mir vererbt?
Wie soll ich Mann sein ohne Vorbild?
Wenn mich keiner gelehrt hat, wie ein Mann ist.

Mutter konnte mir das nicht zeigen.
Sie mag meine Männlichkeit.
Aber wie ist meine Männlichkeit?
Ich bin der Mann, den meine Mutter erschaffen hat!
Aber nicht der Mann des Vater-Manns!

Ob ein Vater anders liebt?
Freiheitlicher?

Kann ein Vater mich in die Luft werfen und sich an meinem Flug erfreuen?
Und mich wieder auffangen mit seinen starken Armen?
Um mich sogleich wieder der Luft anzuvertrauen?

Trägt die Luft?
Trägt die Zuversicht des Vaters?
Kann ein Vater mich lieben und doch loslassen?
Mich in die Welt entlassen?
Kann ein Vater ein eigenes Leben führen, ohne den steten Blick auf mich?
Kann ein Vater für mich da sein und doch bei sich sein?

So kann keine Mutter das Kind halten.
Die Mutter hält anders.
Die Mutter hält fest.
Sie hält mich nah.

Aber ein Vater, der kann doch in Freiheit halten.
Über Lichtjahre hinweg.
Kann sich mir verbunden fühlen, ohne mich an sich zu binden.

Das möchte ich wissen.
Das habe ich gesucht – und nicht gefunden.
Und darum weiß ich es nicht.
Und darum habe ich so viele Fragen.
So viele Fragen.

Ich weiß den Vater nicht!
Und ich weiß die Männer nicht!
Im Spiegel sehe ich einen Jungen, einen unbekannten Sohn.
Der Mutter ähnlich!
Und auch dem unbekannten Vater?
Fremde Züge in meinem Gesicht.
Ist das der Vater?

Ob der Vater die Mutter geliebt hat?
Bin ich ein Kind der Liebe?

Ich lebe in der Ungewissheit.
Ich suche die Gewissheit.
Ich suche diese andere Liebe, die ungebundene.

Die Mutter hält mich in Liebe.
Doch was liebt die Mutter in mir?
Wen liebt sie da?

Bin das wirklich ich?
Oder ist es ein wunderbares Bild - ein Trugbild?
Ist es ein Märchen, das sie möchte?

3

Nur Aase halte ich in der Nähe aus.
Ich wünsche mir die Nähe, aber sie macht mir Angst.
Nur Aase darf mir nah sein, und Solvejg.
Die beiden sind ungefährlich.
Vor den anderen fliehe ich, vor der gefährlichen Nähe.
Vor der verführerischen Nähe.

Aase und ich: wir verführen einander.
Wir tanzen miteinander über die spitzesten Steine hinweg
in den Himmel.
Dort ist alles hell - und offen - und leicht.
Dort gibt es all das, was wir hier entbehren.
Aber das Entbehren lassen wir uns nicht anmerken.
Darum tanzen wir mit geschlossenen Augen.

In Aases Augen bin ich riesengroß!
Ein maßloser Zauberer - grenzenlos.
In ihren Augen suche ich mein Spiegelbild, das Echo
meiner Sehnsüchte.

Aase ist so klein, und verletzlich, und verstört.
Sie braucht mich.
Über den holprigen Weg unserer Waldeinsamkeit lege ich
einen Teppich aus Geschichten.
So kann sie weicher durchs Leben gehen, unverletzt.

Aase ist mein Kind, das ich behüte.
Ich erzähle meinem Mutter-Kind abenteuerliche
Geschichten, die unser karges Leben ausschmücken.

Sie liebt meine Geschichten.
Sie liebt mich.

Aase ist nicht tot.
Etwas von ihr starb, eingehüllt in einen Mantel meiner Phantasie einer Schlittenfahrt.
Es war kalt, aber meine Geschichte wärmte sie bis in die Vergänglichkeit hinein.
Ich *fuhr sie ans schöne Ziel.*

Aase lebt.
Sie wird so lange leben wie ich lebe.
Denn wir können nur gemeinsam sterben, so verbunden wie wir sind.

Wir sind unzertrennlich.
Nur einen allein gibt es nicht.
Es gibt uns nur zu zweit.
Da passt auch keiner dazwischen.

Der Tod muss uns schon beide holen, damit das einmal endet.
Denn ich lebe das Leben der Mutter für sie mit.
Ich lebe all unsere Gemeinsamkeit und Innigkeit und Liebe.
Sie sieht es - von dort.

Sie sieht mich und freut sich, dass ich ihr nicht abhanden komme.
Dass ich nicht in der Fremde verlorengehe.
Nicht ein anderer werde.

Sie freut sich meiner.
So kennt sie mich.

Ich bleibe Sohn – und bin doch Partner.
Ich bin *der Junge auf seiner Mutter Schoß – zeitlebens*.

Ein ewiger Junge.
Ein Tagträumer.
Vor dem Erwachsensein fliehend.

Das ist mein Treueschwur:
Ein verlässlicher Sohn gescheiterter Eltern.

Dem Vater gebe ich die Ehre - durch mein Scheitern.
So bin ich dem blassen Vater gleich.
So bin ich dem Unbekannten nah.
Wie er, so habe auch ich alles verloren.

Mit den Eltern bin ich verbunden – über die Fremdheit
in dieser Welt.
Über die Heimatlosigkeit.
Über die Selbst-Losigkeit.
Denn keiner von uns kennt sich.
Und wir kennen einander nicht.

Ich ehre das Vorbild der Eltern, indem ich mich verirre.
Indem ich mich selbst nicht finde.
Indem ich nicht bei mir bin.

Immer ein Spieler und Verführer.
Beständig auf der Flucht in die Phantasie, in den
Selbstbetrug.
Rastlos und unbeständig, ein *Ausreißer*.
Ein Sisyphos.
Auf der Suche nach Erlösung.
Erlösung in Harmonie und umfassender Liebe.

Was die Eltern mir vorleben:
Eine kleine Welt in der Wirklichkeit.
Und eine unerreichbare Welt der Großartigkeit.
Träume und Räusche.

Die Tränen des Elends haben sich in mir zu hohen
Träumen verdichtet, zu einem Diamanten in meinem
Kopf.
Ich bin ein *Prinz* – reich und schön.
Ein Weltbürger, Wissenschaftler und Autodidakt.
Ein Goldgräber, Pelzjägersmann, Altertumsforscher und Prophet.
Ein Weltbereiser und Kaiser.

Mit meinem Geld bin ich Kaiser allum auf Erden.
Was kann man mit Geld nicht alles kaufen?
Wie unvergleichlich schön erscheint die Welt im Rausch.
Ich durchstreife die Länder und Erdteile.
Ich will *die Welt gewinnen.*

Wie schrecklich ist das Erwachen aus den Träumen.
Wie banal ist mein Dasein.
Man selbst sein auf Grund von Gold, das heißt,
sein Heim errichten auf gleitendem Sande.

Ein wunderbares Mittel gegen Traurigkeit:
das Geld und der Prunk.
Das Geld ist wichtig, weil der Vater es nicht hat.
Ist es nicht ein Wahnsinn?
Ist nicht alles ein *Tollhaus?*

Ich will die Welt bezaubern.
Die Welt soll mich bezaubern.
Und die Frauen sollen *von mir besessen sein.*

Sie verführen mich und ich verführe sie; mit dem Charme
des ewigen Jünglings, der sich von keiner Wirklichkeit
einschüchtern lässt.
Ein Schwärmer und Phantast, der immer neue Räume
öffnet.
Des Lebens Sinn heißt: dem Genusse sich vermieten.

Ich mache die Frauen besessen – so kenne ich die Liebe.
Anitra, die Arabertochter und die Grüngekleidete.
Alle *sollen von mir besessen sein.*

Ich spiele meinen Charme aus.
Das ist der Moment der Spannung.
Das ist die Erlösung durch die Frauen.
So wiegen wir uns auf den Wellen der Lust.
In unbegrenzter Großartigkeit.

Ich möchte *unvergesslich* sein.
Aber ich habe *keinen, der an mich denkt.*

Ich habe stets die Liebe gesucht – und vereitelt!
Die bedingungslose Liebe.
Ich habe mich selbst gesucht – und bin vor mir selbst
geflohen.

Ich habe die Grenzen gesucht – und überschritten.
Ein ewiger Spieler, der sich aus der Wirklichkeit wegträumt.
Ein ewig Abhängiger, der die Unabhängigkeit sucht, den Sinn, die Hingabe, die Verschmelzung.

Ich möchte großartig sein – und ich möchte mich ganz klein machen können, möchte mich zusammenrollen und gehalten werden.
Ich suche Heimat und Sicherheit, Frieden und Schutz, Geborgenheit und Harmonie.

Doch für das Kind-Sein ist kein Platz.
Das kann Aase nicht geben.
Ich bin als Held gefordert, als Abenteurer, Draufgänger und Weltenbummler.

So bin ich ein Opfer beauftragter Großartigkeit.
Ein kleines Instrument in Aases trauriger Hand.
Ausgehöhlt und ausgebeutet, bewundert und geliebt.

Ich allein kann Aase das Leben einhauchen, ich bin der Zauberer.
Und bin es doch nicht.
Bin doch nur ein Kind, der Kindheit beraubt und zum Partner und Lebensretter erkoren.

Bringt Liebe Erlösung?

Ich kenne mich nicht aus in mir, und in der Welt.
Weiß nicht woher, wohin.
Ich bin nicht bei mir, hab keinen Kern.
Mein Herz gehört Aase, sie hält es in ihren Händen.

Ich selbst kann mich nicht lieben, denn ich kenne mich nicht.
Ich habe in mir kein Gegenüber.

Der Liebe der Mutter kann ich mir sicher sein.
Diese Liebe wird es immer geben.
Doch mir fehlt die Liebe einer Frau.

5

Solvejg ist mir wie eine Schwester.
Die Kleinhäuslertochter und der Kaiser.
Was für ein Geschwisterpaar!

Auch sie ist gescheitert.
In ihrer Liebe zu mir und ihrem Warten hat sich ihr Selbst abgenutzt.
Sie hat sich selbst verloren.
Sie ist mein *Säugling*, mein *Kind*.
Und ich bin ihr Kind, liege an *ihrer Mutter Brust*.
Sie singt mir das Wiegenlied.

Sie wartet, wie auch die Mutter stets wartet.
Beide warten, dass ich zu ihnen komme und ihnen mit strahlenden Augen die Welt und das Glück zu Füßen lege.
Dass ich ihnen Leben einhauche und sie mitreiße.

Solvejg geht den geraden Weg während ich mich in immer neuen Kreisen drehe.
Solvejg, die Reine, die Holde und Warme; licht und zart.

Sie wartet im Innen, ich warte im Außen.
Mir fehlt die Geduld.
Es ist der Antrieb der Mutter, die Neues wünscht.
Neue Spannung.

Aase und Solvejg sind schüchtern, vorsichtig.
Sie fordern mich nicht.

Und fordern mich doch.
Sie fordern mich entmannt.
Wie soll ich auch Mann sein, wenn kein Mann mich das Mann-Sein lehrte?

Der Nähe zu Aase kann auch keine andere Frau gefährlich werden.
Sie hat mir einen Treueeid eingepflanzt: ‚Sei wild! Aber sei treu!'
Auch wenn ich mit anderen Frauen zusammen war, wenn ich fremde Länder durchstreift habe und Reichtümer erworben *mit Negerware* - ich wurde ihr nie untreu.
Über ihren Tod hinaus nicht untreu.

Darum kann ich getrost zu Solvejg gehen, denn sie ist keine Frau.
Sie ist ein Kind.

Sie träumt sich ein glückliches Leben - wie Aase.
Sie wartet geduldig auf die Erfüllung ihrer Träume - wie Aase.

Solvejg ist ungefährlich, so wie alle anderen auch.
Denn ich halte sie fest, so wie die Mutter mich hält.
Solvejg ist mein.

6

Ich kämpfe gegen Aslak. den Schmied, und breche ihm den Arm.
Wir wollen es wissen: die Stärke, die Kraft, den Kampf.
Ich suche das Vorbild, aber er ist mir nur ein Gegner.
Ich habe Freude am Ringen.
Es ist ein Ringen um die Unverletzlichkeit.
Um die Unsterblichkeit.

Ich will kämpfen, mich messen – aber keiner ist dazu bereit.
Keiner will sich wirklich auf mich einlassen.
Der Koch lässt sich vom Bootskiel stoßen und ertrinkt.

Keiner zeigt mir die Grenzen auf.
Mein Leben ist grenzenlos.
Ich werde belächelt und vertrieben.
Aber nicht ernst genommen.
Wie soll ich mich selbst ernst nehmen, wenn es kein anderer tut.

Ich will, dass mir jemand Grenzen setzt.
Und mir zeigt, wo es hingehen kann, das Leben.
Damit ich mich besser spüren kann.
Ich brauche den Widerhall, den Widerstand, damit ich mich selbst erkenne.
Damit ich vollständig bin.

Ich suche den anderen, damit ich mich selbst finde!
Ich suche und suche und suche.
Und weiß doch, dass ich gefunden werden möchte.

Dass ein anderer mich suchen soll.
Dass ich endlich gefunden werde und ein Mann sagt: ‚Du bist mein!'
Und: ‚Schön, dass es dich gibt!'
Und: ‚Komm mit! Halte Schritt mit mir! Zögere nicht! Sei bereit für alles!'

Bei Aase ist alles so weich und unbestimmt.
Sie lässt mich gewähren und ermutigt mich – zu allerlei.
Aber es gibt keine Grenzen.
Alles ist grenzenlos.

Und es gibt keine Richtung.
Alles ist richtungslos.
Alles ist dem Zufall überlassen.
Eine Feder im Schicksalswind.

Darum habe ich mich selbst aufgelöst, bin mir selbst verloren gegangen.
Habe die Erdteile durchstreift – auf der Suche nach mir selbst.

Aber ich fand nur den Peer, den die anderen aus mir machen.
Sie drücken mir den Stempel auf.
Sie verleihen mir fremde Züge und sehen mich nicht.

Nicht so wie ich bin, wie es in mir angelegt ist, wie meine Wahrhaftigkeit ist.
Alle wollen mich stets anders.

Keiner hat sich wirklich auf mich eingelassen – auf den Spieler und Phantasten, auf den Teufelskerl, der den Himmel herausfordert.
Und auf den rastlos Suchenden.

So passe ich mich den Vorgaben an.
Stets ein braver Sohn.

Ist der Wahnsinn nicht Normalität?
Muss ich die Normalen fürchten, weil nur die Verrückten mein Suchen verstehen?

Doch wie kann einer, der nur hälftig aufgewachsen, ein ganzer Mensch sein?
Woher soll ich die andere Hälfte nehmen?
Wie kann einer, der so lange in der Fremde war, der sich selbst so fremd ist, überhaupt noch Heimat fühlen?

Ich bin der Mutter stets treu geblieben.
Im Weggehen habe ich mir selbst das Bein gestellt.
So bleibt nur die Rückkehr.
Aber *auf den alten Peer wartet niemand mehr.*

Der Knopfgießer hat mich erkannt.
Er weiß, dass ich keine Ösen habe.
Ich bin eine Fehlproduktion!

Er hat mich verstanden.
Meine ewig gleichen Pirouetten.
Ich drehe mich um mich selbst.
Aber es gibt kein Zentrum.

Ich drehe mich um mich selbst, denn ich suche die Mitte.
Ich schlenkere nach Ägypten und in die Wüste, nach England, Frankreich und Amerika.
Aber nirgendwo bin ich bei mir.

Der Knopfgießer kann alles aus mir machen, weil ich nichts Typisches habe.
Oder ist mein Umherirren das Typische?
Bin ich ein ewig Getriebener?

Überall bin ich fremd.
Was ist denn Heimat, wenn man kein ganzes Zuhause hat?
Wo ist die Seelenheimat?

Wie kann ich vor mir selbst davonlaufen, wenn ich überall ein Fremder bin?
Wie kann ich dazu gehören, wenn ich mir selbst fremd bin?

Wie kann ich mich hingeben, wenn es mich selbst nicht gibt?

Wie soll ich Antworten finden, wenn ich noch nicht einmal die Fragen kenne?

Wer bin ich?

Ich bin ein Sohn - doch ohne Mutter und ohne Vater.
Ich bin ein Erwachsener – doch eigentlich ein Kind.

Ich habe keine Kinder.
Denn wer selbst noch Kind ist, soll kein Vater sein.

Ich bin kein Partner, denn *ich lebe ehelos.*
Wer also bin ich?

Ich tänzele im Ringelreihen.
Aber das Zentrum ist fast leer.
Im Zentrum findet sich nur eine armselige Aase und eine blinde Solvejg.

Ich häute mich, abermals und abermals, wie eine Zwiebel – aber den Kern finde ich nicht.
Nein, so eine Vielzahl.
Schicht liegt auf Schicht.
Kommt denn nicht einmal ein Kern ans Licht?

Zum *Kaiser der Selbstsucht* wurde ich ernannt – im Irrenhaus.
Ein Lebenslügner, der sich selbst nicht lieben kann.
Gescheitert an der unerreichbaren Großartigkeit.
Ein ewig Unzufriedener - nie sich selbst genug.

Es gibt keine Kompassnadel in mir, die mir die Richtung aufzeigen würde.
Es gibt alle Himmelsrichtungen.

Aber der Kompass zeigt den Standort nicht an.
Und gehe ich ein paar Schritte weiter, dann gibt es schon wieder so viele Richtungen.
Doch kein Kompass zeigt mir den Weg in die Mitte, zu mir selbst.

Ich kehre nach Hause zurück, aber man kennt mich nicht.
Und das Zuhause ist nicht mehr.
Dazugehören ist unmöglich – ich bin ein Fremder.

Darum suche ich die Erdenmutter.
Die Rückkehr in den Kreislauf.
Ein Ende in der Erde.
Ein Ende des Strebens, des Wollens, der Unruhe.

Es ist kein Begehren, es ist die Sehnsucht nach Heimat, Geborgenheit, Ruhe.
Vor allem nach Ruhe.
Nach Einfach-sein-dürfen, ganz einfach.
Ganz ich selbst!
Und einem anderen: ganz genug!

Damit kommt die Ruhe.
Eine wunderbare Stille – in mir, um mich herum.

In den Armen der Solvejg-Schwester-Mutter sterbe ich.
Solvejg ist blind.
Sie sieht das Außen nicht, aber sie erkennt mein
Innerstes.

Jetzt bin ich angekommen.
Jetzt bin ich gekommen um für immer zu gehen.
Jetzt bin ich ganz und ohne jedes Müssen.
In Liebe gehalten.
Ganz in mir.

Die kursiv gedruckten Textstellen sind Originalzitate mit freundlicher Genehmigung des Reclam-Verlags.

Henrik Ibsen: Peer Gynt.
Deutsche Übersetzung: Hermann Stock
Copyright © 1953, 1982 Reclam-Verlag, Stuttgart

Bisher erschienen vom Autor folgende Bücher:

. Der Mental-Coach (2008)
. Der Paar-Coach (2009)
. Beziehungsschule – Schule und Beziehung (2011)
. Waldorfschule – Zwischen Wunsch und Wirklichkeit.
   Eine organisationspsychologische Betrachtung (2012)
. Notfallkoffer für die Seele (2015)

  Innenwelten
. Der Fremde (Camus) – eine szen. Annäherung (2017)
. Peer Gynt (Ibsen) - eine szen. Annäherung (2017)

Der vollständige Erlös aus dem Verkauf aller Bücher geht an den gemeinnützigen Verein Sascha e.V. (www.sascha-ev.de), der Hilfsprojekte für Waisenkinder und mittellose Familien in Liberia, Kenia und Sri Lanka unterhält sowie Flüchtlinge unterstützt.

Dr. Gerhard Vilmar
gerhard.vilmar@t-online.de